LA FOREST
ENCHANTÉE,

Représentation tirée du Poëme Italien de la Jérusalem délivrée.

LA FOREST
ENCHANTÉE,

Repréſentation tirée du Poëme Italien de la Jeruſalem délivrée.

SPECTACLE

Orné de Machines, animé d'Acteurs Pantomimes & accompagné d'une Muſique (de la Compoſition de M. GEMINIANI,) qui en exprime les différentes actions; exécuté ſur le grand Théâtre du Palais des Thuilleries pour la premiere fois le Dimanche 31 Mars 1754.

Le prix eſt de 12 ſols.

DE L'IMPRIMERIE
De BALLARD, ſeul Imprimeur du Roi pour la Muſique, & Noteur de la Chapelle de Sa Majeſté, rue Saint-Jean-de-Beauvais à Sainte Cécile.

M. DCC. LIV.

Ce Spectacle est de l'Invention du Sieur SERVANDONI, Chevalier de l'Ordre Militaire de Christ en Portugal, Peintre & Architecte ordinaire du Roi, & de son Académie Royale.

APPROBATION.

J'AI lû, par ordre de Monseigneur le Lieutenant-Général de Police, un écrit intitulé: *La Forêt Enchantée*. Et je crois que l'on peut en permettre l'impression. A Paris ce 28 Mars 1754.

CRE'BILLON.

Vû l'Approbation, permis d'imprimer. Ce 29 Mars 1754.

BERRYER.

Mentis gratissimus error.
Hor.

LA Décoration Théâtrale est un des genres de la Peinture qui produit le plus ces illusions agréables qui font appeller cet Art le rival de la Nature. Ce genre de peindre exige des connoissances approfondies de l'Architecture, & de la Perspective ; & elles doivent être jointes à toutes les parties de la Peinture qui sont communes aux autres genres. La Méchanique doit aussi fournir au Décorateur des moyens ingenieux de faire valoir, par des changemens & des oppositions, ses différents tableaux. Il seroit à souhaiter, sans doute, que le genre de Spectacle auquel l'art des Décorations Théâtrales est particulierement adapté dans toute l'Europe, & qui intéresse à ses jeux trois Muses qui gagnent à être bien unies, pût toujours rassembler tous les secours que chacune d'elles doit lui offrir ; mais si cette réunion difficile se voit rarement, des beautés particulieres suppléent au moins très-souvent à cette perfection générale. Un Poëme rempli d'action & d'intérêt semble en effet avoir moins besoin du charme de la Musique & de l'illusion de la Peinture. Une Musique saillante & pleine de génie paroît aussi quelquefois distraire entierement de l'attention qu'on croiroit nécessaire aux Poëmes. Pourquoi la Peinture ne s'efforceroit-elle pas d'avoir l'avantage d'occuper seule toute l'attention des Spectateurs ? Pourquoi n'aspireroit-elle pas à la gloire de faire oublier quelques instans ses Sœurs, & de recueillir, sans les partager, les applaudissemens flateurs d'une Nation éclairée sur les Arts qui contribuent tous à sa gloire & à ses plaisirs? C'est le but qu'ose se proposer le Sieur Servandoni.

LA FOREST
ENCHANTÉE.

ACTE I.

Le Théâtre repréſente la Forêt enchantée, ſituée dans un vallon ſolitaire, dont l'épais feuillage ne laiſſe qu'une foible entrée à la pâle lumiere de la Lune.

LE ſujet de cette Repréſentation eſt tiré d'un Poëme compoſé par *le Taſſe*, & dont l'exacte traduction de M. de Mirabeau fait jouir ceux qui

A iv

ne sçavent pas la Langue Italienne. On se servira dans cette Exposition autant qu'il sera possible des paroles mêmes de cette excellente traduction, en citant les différentes parties de l'ouvrage où elles se rencontrent, pour la facilité de ceux qui voudront y recourir.

Godefroi de Bouillon assiégeoit à la tête des Croisées la ville de Jerusalem; ses troupes avoient été repoussées dans un assault, & Clorinde accompagnée d'Argand avoit osé brûler les Machines que les Chrétiens avoient reparées. Le Magicien Ismen, non content d'avoir composé les matieres inflammables dont Clorinde s'étoit servi pour les reduire en cendre, voulut encore prevenir les soins que le prudent Général de l'Armée Chrétienne alloit sans doute prendre pour reparer cette perte.

* Dès que la grande Machine eut été réduite en cendres, Ismen songea aux

---
* Chant XIII.

moyens qu'il pourroit employer pour empêcher les Afliégeans d'en conftruire une nouvelle. Dans un vallon folitaire peu éloigné du camp des Chrétiens, s'éleve un bois antique fi épais & fi fombre que fon afpect infpire l'effroi. Le Soleil dans fa courfe l'éclaire à peine d'une pâle & trifte lumiere : telle à peu près que dans un tems nébuleux, eft celle qui fuit ou qui précéde la nuit, & lors que l'Aftre du jour a cedé la place aux étoiles, ce bois paroît enveloppé des plus affreufes ténébres.

C'eft-là que de tous côtés les Magiciennes s'affemblent pour célébrer avec les Démons leurs myfteres.

La nuit qui fuivit l'expédition de Clorinde & d'Argand, Ifmen fe rendit dans cette fombre Forêt. Après avoir décrit fur la terre un cercle rempli de caracteres magiques, il mit un pied nud dans ce cercle, & proféra tout bas certains mots. Enfuite il fe tourna trois fois du côté de l'Orient,& autant de fois du côté où le Soleil se couche ; trois fois il secoua cette baguette puissante, par le moyen de laquelle les morts sortent de leurs tombeaux & paroissent se ranimer, & trois fois il frappa la terre de son pied. Enfin, élevant sa voix, il s'écria d'un ton terrible. Esprits rebelles, qui fûtes jadis précipités des Cieux, vous, qui repandus dans les airs, excitez à votre gré les plus horribles tempêtes ; vous noirs habitans des enfers, ministres impitoyables des vengeances divines ; & toi que tous les démons reconnoissent pour Maître, Monarque redouté de l'empire ténébreux, soyez tous attentifs à ma voix. Je vous ordonne de prendre en votre garde tous les arbres de cette Forêt, sans en excepter un seul. Que chacun de vous s'unisse à quelqu'un de ses arbres, d'une union aussi étroite & aussi intime que l'est celle dont l'ame & le corps des mortels sont unis. Lorsque les Chrétiens viendront en ces lieux pour y enlever le bois dont ils ont besoin ; opposez-vous à leur entreprise ; frappez-les d'une mortelle frayeur, faites que saisis d'épouvente ils soient contraints de prendre la fuite.

A ces paroles le Magicien en ajouta quelques autres qu'on ne peut sans impiété répeter après lui. La Lune aussi-tôt se couvrit d'un voile épais, tous les astres de la nuit perdirent leur éclat. Mais les démons ne paroissoient point encore. Eh quoi ! reprit Ismen, c'est ainsi qu'on exécute mes ordres ? Ai-je donc oublié l'art de me faire obéïr ? Esprits malheureux craignez mon courroux : je sçais quand il me plaît proférer ce nom redoutable qui fait trembler même votre Maître. Que si vous m'y forcez, je . . . . . à ces mots il connut que ses charmes avoient produit leur effet ; tous les démons se précipitoient en foule dans la Forêt.

Cet Acte finit par la réunion de toutes

les Magiciennes qui se trouvent dans la Forêt; elles félicitent Ismen sur la réussite de ses conjurations, & l'accompagnent lorsqu'il retourne à Jérusalem.

ACTE II.

La Scene se passe dans la nuit, & le Théatre représente l'intérieur d'une Mosquée éclairée par des lampes.

ISMEN ravi du succès de ses enchantemens, alla incontinent trouver le Roi.....

L'Auteur du Spectacle suppose ici que ce Prince appellé Aladin, est occupé à délibérer avec son Conseil, sur ce qu'il

Même Chant.

doit faire pour prévenir les efforts que doivent bien tôt renouveller les Chrétiens. Ce Conseil se tient dans la principale Mosquée. Là plusieurs Chefs se levent pour proposer des avis différents ; le premier veut se remettre entierement à la protection que Mahomet a deja commencé d'accorder à un peuple qui l'adore, & attendre de Dieu seul la fin d'un évenement dont son éternel Providence a reglé le succès.

Le second plus agissant, veut qu'on ajoute à cette résignation tout ce que la prudence peut inspirer de moyens pour assurer la défense de la ville. Il demande qu'on répare les Brêches, qu'on fasse des Retranchemens, des Ouvrages ; enfin qu'on prenne tous les moyens possibles de se défendre courageusement.

Le troisiéme qui se trouve être le Chef des Ministres de Mahomet, demande en interrompant celui qui vient de parler, qu'on fasse en s'en rapportant à lui, des Jeûnes, des Prieres, & qu'on lui remette ce qu'il faut pour répandre d'abondantes aumônes; il répond alors du fuccès de la Guerre. Mais Argand impatient ne veut s'en rapporter qu'à la force de fon bras; il fe prépare (fi Aladin le permet) à aller feul défier Godefroy, & par le fort d'un combat dont il affure la réuffite, il prétend terminer toutes les allarmes d'Aladin & détruire l'efpérance des Ennemis. Dans cet inftant Ifmen arrive, il dit à Aladin ce qu'il vient de faire; il arrête Argand, il calme le Miniftre de la Religion, & Aladin rend grace à Mahomet du piége qu'il permet que les démons tendent à fes Ennemis.

ACTE III.

Le Théâtre représente la Forêt Enchantée dans une autre situation, éclairée par le jour.

ODEFROY, cependant persuadé de la nécessité où il étoit de faire construire de nouvelles Machines, afin de pouvoir attaquer la place avec succès, donna ordre que les Travailleurs allassent à la Forêt pour y couper le bois propre

Chant XIII.

propre à cet ufage. Ils y allerent en effet dès la pointe du jour. Mais intimidés par des Spectres & des Fantômes ; ils revinrent auffi-tôt fur leur pas. Pour les raffurer le Général voulut qu'un nombre de foldats d'élite les accompagnât.... Alcafte fe mit à leur tête ; ce Guerrier arrivé dans la Forêt, vit les Spectres fans en être étonné. Alors un bruit épouvantable pareil aux mugiffemens des lions, aux fiflemens des ferpens, accompagné d'horribles éclats de tonnerre fe fit entendre. Les foldats effrayés, prêts à prendre la fuite, font arrêtés par Alcafte. Il les engage de nouveau à tâcher de pénétrer plus avant ; une muraille de feu eft un nouvel obftacle qui s'oppofe à leur paffage. A la perfuafion d'Alcafte, les Chrétiens tachent de l'efcalader, ils font repouffés par des démons qui vomiffent fur eux des torrens de flammes ; les Soldats ne pouvant foutenir ce dernier

18 *LA FOREST ENCHANTE'E.*

effort ; s'enfuyent avec les Travailleurs. Alcaste lui-même troublé, est obligé de prendre la route du Camp.

ACTE IV.

Le Théâtre représente le Camp de Godefroy de Bouillon.

G ODEFROY accompagné des Chefs de son armée, pensoit tristement à surmonter les nouveaux obstacles qui s'opposoient à ses desseins, & à faire cesser les maux que la chaleur excessive & la sécheresse causoient dans son Camp; il se livroit aux peines que lui causoit la vûe de ses Soldats languissans qui périssoient de soif & de foiblesse, lorsque le saint Hermitte Pierre parut à ses yeux; il amenoit avec lui le jeune Renauld. C vaillant Chevalier après avoir tué le Prince de Norvege avoit évité par sa fuite la rigueur du châtiment que lui préparoit Godefroy; mais l'Hermite qui avoit prévû que la Forêt ne pourroit être défenchantée que par son secours, avoit envoyé pour le chercher deux Guerriers qui l'avoient enfin ramené au Camp. Il se prosterna, chercha moins à se justifier qu'à demander à réparer sa faute: Godefroi lui pardonne, lui ceint l'épée qu'un Ange lui avoit remis pour cet usage, & le destine à aller détruire les prestiges que les Démons employent à défendre les approches de la Forêt. Tandis qu'il en reçoit l'ordre, l'Hermite levant au ciel les mains, obtient par une fervente priere qu'un coup de tonnerre fraye la route à une pluie salutaire qui vient remplir les vœux des Soldats & adoucir leurs maux.

L'Auteur du Spectacle obligé de se restraindre à un espace de tems limité, a crû devoir retrancher les nouvelles tentatives de Tancréde, pour ne pas présenter une Répetition d'objets à peu près semblables, & pour amener le dénouement que le Poëte Italien remet entre les mains du jeune Renauld.

ACTE V.

Le Théâtre représente la Forêt Enchantée dans toute son étendue, éclairée par degré des rayons du Soleil.

Es premiers rayons de l'Aurore commençoient à peine à sortir du sein des Ondes ; l'éclat des Astres de la nuit, étoit à peine obscurci par une lumiere plus vive, lors que Renauld arriva à l'endroit où d'horribles Spectres avoient d'abord effrayé les plus courageux. Il n'y remarqua rien de semblable : toute la Forêt lui parut au contraire comme un bois d'une riante verdure & d'un ombrage charmant. Il passa outre, & bien-tôt ses oreilles furent frappées d'un agréable son ; le doux murmure des eaux, le chant du Rossignol plaintif, auxquels se joignoient la voix des

Chant XVIII.

Syrennes, & plusieurs instrumens de Musique formoient cet harmonieux concert. Surpris de cette merveille à laquelle le Guerrier s'étoit le moins attendu, il s'arrêta un instant ; puis il continua de s'avancer lentement jusqu'à l'entrée de la Forêt. Il la trouva environnée d'une riviere. Pendant que Renauld songe en lui-même de quelle maniere il pourra la traverser ; un pont s'offre à sa vûe ; il passe aussi-tôt sur ce pont ; mais à peine a-t-il touché l'autre bord que les eaux enflées font succéder à leur cours tranquile l'impétuosité d'un torrent. Impatient d'éprouver de plus étonnantes avantures, le Guerrier quitte les bords de la riviere & s'avance dans la Forêt. Tous ces arbres antiques que les années avoient depuis long-tems dépouillés de leurs agrémens, lui parurent dans leur force & dans leur plus grande beauté.

Comme Renauld regardoit de tous côtés, il apperçut une place assez spacieuse au milieu de laquelle s'élevoit un grand Myrthe qui par sa hauteur & par sa beauté sembloit être le souverain de tous les arbres de la Forêt. Renauld alla droit à cette place, & bien-tôt ses yeux y furent témoins d'un étrange prodige. Un des arbres voisins du Myrthe s'etant ouvert, il sortit de son sein une belle Fille, vêtue d'une façon singuliere; & dans le même moment d'autres Filles aussi belles & vêtues de la même maniere, sortirent de l'écorce entrouverte des arbres voisins; leur robe étoit retroussée; elles avoient des brodequins pour chaussure, de longs cheveux tomboient à grosses boucles sur leurs épaules, & leurs bras étoient nuds. Telles on représentoit jadis les Nymphes de Diane, excepté qu'au lieu d'Arcs, celles-ci tenoient entre leurs mains des Lyres, des Systres & d'autres Instrumens de Musique; elles firent un cercle autour du Myrthe, & enfermerent Renauld dans ce cercle..... Renauld regarda attentivement celle qui paroissoit la premiere de ces Nymphes, & il crût reconnoître en elle les traits de la belle Armide; mais comme il étoit sur ses gardes, il n'en fut point ému. Ce Guerrier moins par insensibilité que par prudence, ne se laissa point attendrir; il tira son épée, & se mit en devoir d'en frapper le Myrthe; mais lorsqu'il leve bras, d'horribles éclats de tonnerre se font entendre ; la terre est violemment ébranlée, & il en sort d'affreux mugissemens. Un Géant énorme prend la place de cette fausse Armide. Les Nymphes se changent en autant de Cyclopes. L'intrépide Guerrier malgré les efforts de ces Monstres qui l'attaquent tous à la fois, fait tomber sur le Myrthe sa redoutable épée: l'arbre gémit, Renauld redouble ses coups, & enfin coupe en deux cet arbre fatal. Le tonnerre aussi-tôt cesse de gronder : la terre se rafermit : l'air reprend sa sérenité , le Myrthe disparoît, & avec lui s'évanouissent les Monstres, & tous les enchantemens de la Forêt.

Alors on entend des bruits guerriers qui annoncent l'arrivée des troupes Chrétiennes; quelques Escadrons de l'Armée viennent former une Marche de triomphe ; Renauld se met à leur tête. Cependant les Travailleurs détruisent enfin cette redoutable Forêt, & font tomber les arbres sous leurs coups redoublés. FIN.

www.ingramcontent.com/pod-product-compliance
Lightning Source LLC
Chambersburg PA
CBHW060628050426
42451CB00012B/2488